SER HABITADO

Miguel Escobar

Colección ites

SER HABITADO

© Miguel Escobar Plaza
© Fotografía de portada:
Artefacto 003 para SEDIERTO.
"MATRIUSKA" obra de Miguel Escobar
© Corrección ortotipográfica: Míriam Villares
© de esta edición: Olé Libros, 2024

ISBN: 978-84-10053-47-2
Depósito legal: V-2828-2024
Impreso en España

KALOSINI, S. L.
Grupo editorial **olélibros**
equipo@olelibros.com
www.olelibros.com

A Pilar Plaza, mi madre,
voz entre las voces

—No vive ya nadie en la casa —me dices—; todos se han ido.
La sala, el dormitorio, el patio, yacen despoblados. Nadie ya queda,
pues que todos han partido.
Y yo te digo: Cuando alguien se va, alguien queda. El punto por
donde pasó un hombre, ya no está solo;

CÉSAR VALLEJO, *POEMAS EN PROSA*.

Me da pena pensar que algún día querré ver de nuevo este espacio;

JOSÉ HIERRO, *ALEGRÍA*.

Unas palabras previas

De niño, me encantaban las tertulias de sobremesa de mis padres con sus amistades. Por entonces, la gente de mi edad me aburría, era más emocionante relacionarme con aves, gatos, incluso reptiles.

El oficio de poeta se gesta desde la infancia. Cuando percibes señales que escapan a reglas y convenciones, pistas en las que reconoces su poder transgresor y tú ajustas tu lenguaje para acogerlas.

Hasta ese momento te dedicas a nombrar las cosas. En cierta forma, también te adueñas de la esencia de lo nombrado, como *nube* o *mar*, y aprehenderlo te reconforta.

Cuando empecé a leer, descubrí que existía una forma de escribir diferente capaz de sugerir todo aquello que intuía oculto en la presunta realidad. Se llamaba *poema*. Si al leerlo te emocionabas, entonces era poesía. Eso me lo explicó mi madre, que se esmeró conmigo viendo el desgobierno en mi habla, en mis modos de leer y de escribir.

Con ella descubrí que alterando el orden gramático en una frase conseguía una relación explosiva entre sentido y sentimiento. Averigüé que podías emocionar a tu antojo a la víctima propiciatoria a quien iban dirigidos los versos y que, si no existía una palabra que expresara bien lo que pensabas, te la podías inventar.

Era fantástico correr por los parques gritando con orgullo «¡platondo, flortuga, trincacacas!».

Reconozco otra realidad oculta, revolucionaria y reveladora en lo que convenimos en denominar real.

Esa realidad es capaz de unir arte y ciencia, de ocultar en la sombra otra luz, otorgar color al gusto, dar voz a la materia. Siempre surge una nueva transgresión mientras profundizas en tus sentidos, yendo —como diría Miguel Hernández— de tu corazón a tus asuntos.

La poesía, su lectura, fue una de las mejores compañías que tuve durante mi convalecencia de un grave accidente de piscina, entre los catorce y los quince años. Poemas que quemaron mis ojos y me secuestraron desde primera hora de la mañana hasta bien entrada la noche.

Ese verano, la fractura cervical dio al traste con casi todos mis planes. Encima, había terminado la secundaria, cambiaba de colegio, dejaba atrás a los amigos. Todo parecía desmoronarse a mis espaldas.

Me había mentalizado para pasar unas vacaciones infernales y en esas aparecieron Miquel y Aurelio, dos amigos con los que viví uno de los mejores veranos de mi vida.

Aquel mes de agosto lo pasamos a los pies de la sierra del Cadí, en un pueblo pequeño como de cuento que se llama Arsèguel. Mi padre había comprado años atrás una casa en las afueras y junto a mi madre la fueron restaurando. Desde esa casa se oye bajar el río Cadí y disfrutas de unas vistas a la sierra realmente bellas.

El crujir del piso de madera bajo los pies, todas esas irregularidades que ofrecen sus paredes de piedra, los claroscuros, su sobriedad en armonía con el entorno rural y tosco resultó el mejor de los escenarios para nuestras mentes fértiles. Aquel espacio nos sembró para siempre porque creció en nosotros hasta el punto de que seguimos recordándolo intacto y maravillosamente acogedor.

La casa hoy sigue representando anhelos, amistad, amor, naturaleza, esperanza, vida y, en parte, este poemario busca reflejar todo ello.

Lo que me ha regalado como alimento del espíritu, aquello que me habita, quiero compartirlo con el lector a través de estos poemas.

Barcelona, abril de 2024

I

Los chopos son arterias, y la mina de agua
bombea las siestas del invierno que llega,
y adormece sus ramas.
En su canto ritual nacen y crecen nubes
y, en los pastos, la lluvia huele a deseo.
No hay huellas que se asomen
a estos prados soñados
ni madera que arda rezumando resina.
Gorgotean las llamas ritmos acompasados,
cuando crujen las horas, crepitan los minutos.

En el Cadí la nieve se hace brasa de tarde
y, a pie de sus canales,
la ceniza se quiebra entre canchal y huesos.

Las piedras han estado vendándonos los ojos.

Todavía se escucha en los pliegues del eco
como un acordeón abriendo sus pulmones,
el brinco de una cabra sobre el canchal,
las piedras que ahora ruedan hacia el bosque.

La sierra vive en el cristal del agua,
en la cópula torpe de los jabalíes
y el brillo nacarado de las truchas cazando.

La sierra es una A patas arriba
como vaca abatida por el rayo.
Guarda el alma del mar
                          en su ola creciente.

La sierra del Cadí enmudece el paisaje.

Quedamos a sus pies, en silencio,
velando.

II

Un hilo suspendido en el aire
recorre las estancias de la casa.
El comino, el cilantro y el ajo
se trenzan invisibles a los ojos.
La cocina pinta en su luz secretos.
Desaparecen en las manos cerradas
las recetas de Conxita, la Estadana,
que no quería ni un niño cerca de sus fogones.
       —Ni cocino ni alimento.
       Yo complazco deseos.

La alquimia de sus platos
devoraba palabras,
únicamente hablaban los cubiertos.

Después de su *escudella i carn d'olla,*
tras sus *canelons farcits de festa,*
un clamor silencioso nacía de la mesa
mientras la cocinera jubilada
probaba con orgullo el punto de canela
de sus natillas,
en el laboratorio de las lágrimas.

El horno de leña
quedaba a la espera de la masa.
Su universo refractario
repartía el calor en la bóveda oscura
apenas alumbrada por las brasas.

Hoy recuerdo a mi padre
frente a las pilas bacaladeras.
Hablaba del verano en que nació
en Las Palmas,
en una cocina, sobre un mármol.
Mi abuela había roto aguas
y ahí mismo la asistió la partera.
—Antes se nacía en las cocinas
y yo venía con prisa
y ahí todo está a mano,
el agua caliente, los paños
y el filo del acero.

Así llegó mi padre,
él fue aquel toro de la cacharrería
irrumpiendo en la vida.
Y construyó su casa en torno a la bodega
y la cocina.
Hoy lo recuerdo
coronado de pámpanos y frutos.

Pà de Pepito, el Forner, ©Miguel Escobar

III

La casa tiene mimbres de armadura.
Sin vísceras, sin eco,
es un exoesqueleto ya vacío.

Encierra las palabras que infligieron
heridas —aún tiernas—
manchas en las paredes
agudas como gritos.

La sala dio cabida,
en los días de lluviosos de fiesta,
a parejas de baile refugiadas
de la plaza mayor y a la orquesta
sedienta del mosto fermentado
que la finca guardaba bajo el piso.

Fue matriz del presente
entre polkas y valses
y pajares cercanos.
Hizo doblar campanas
por bautizos y bodas,
comuniones y entierros.

IV

De aquí no se va nadie.
Todos quedan sujetos
ahumados de por vida
en esta cámara.
Los fantasmas habitan nuestro olfato.
Y no son cuerpos desgastados
los que vemos,
son los actos sujetos al instante.
No son voces las que suenan,
son el impulso,
la entonación desnuda,
lo que entonces sentían al decir.
¡Ay, cuántas notas permanecen dormidas!
Al calor de la lumbre
hicieron nido las canciones
mecidas en sus letras,
y en las llamas
siguen danzando el baile que las trajo.
De aquí no se va nadie.
Al entrar al hogar,
todo se ha detenido,
esperando la leña prendida
y ser de nuevo la cápsula del tiempo.

V

El paisaje impregna las paredes,
echa raíz en casa.

Como un estado de ánimo,
se infiltra piel adentro,
aferrándose al hueso
—que es la piedra—
como pintura al fresco.

Ya todo es
continente y contenido.

Resulta igual perderse entre los árboles,
seguir la danza de las llamas
ahogadas en la leña,
recorrer vetas viejas
en las vigas del techo,
oler el níscalo sangriento
oculto en la pinaza.

Sientes cansancio.

La hamaca mecida
en los roncos rumores de la siesta
hace de ti el ave acurrucada bajo el ala en el nido,
el brillo mortecino del salmón desovando,
el perfil de la sierra transido de nubes.

Niebla, ©Miguel Escobar

VI

Con los ojos abiertos
se echa a perder
otra luz,
esa que va de dentro
a fuera,
la que no es reflectante,
la que absorbe y rezuma
una vez colmado cada rincón
de nuestras entretelas.

Con los ojos abiertos,
galerías, estancias,
terrazas y pasillos
se cierran y enmudecen,
disminuyéndonos.

Esa existencia entonces
queda cortada a láminas,
reducida al archivo,
al tiempo sin espacio,
al horario solar.

Mientras la que nace
de los ojos cerrados,
esa que va de dentro a fuera,
hecha a la vida,
al llanto
y la alegría,
esa luz que sentimos
conscientes como propia,
proyecta
lo que de hogar guardamos.

Invita a recorrernos.
Regala bienvenidas,
nocturnidad,
regazo.

VII

A Esteve Albert,
en la habitación del ahorcado

La nave, boca abajo,
oculta la quilla y la sentina.
Muestra su costillar
donde pende ahorcado
el corsario innombrable,
el ladrón que reinó
en aguas del Caribe
pirateando a sus anchas
hasta quedar varado
en tierra,
por sortilegio
de una palera haitiana.

La ponzoña cambió
tiburones salinos
por truchas del Cadí,
el navío ligero de tres palos
por un caballo negro,
el sable y los cañones
por un par de pistolas.

Asaltó diligencias
y transportes del reino.

Entregó las riquezas a su amada,
las monedas de oro
acuñando el perfil

del monarca del Imperio
donde no se ponía el sol.
Hasta que el rey Felipe se hartó
de tanta merma y ordenó
el asedio final de aquella plaza.

Nkentosile subió al monte
a por hierbas y cocinó
una pócima para salvar
a su pirata amado.
Su Nfumbe lo convirtió
en un muñeco de madera
dócil, articulado,
que ella misma
manejaba en compañía de unos titiriteros
con los que huyó.

Más de dos siglos después,
un cartel anunciaba el estreno en Arsèguel
de la obra *El Tata*
de pirata a bandolero.

VIII

El fluir acompaña los pasos
desde que el vientre de la madre
cae en la gravedad,
al sumergirte en el agua bendita de la pila,
en las salpicaduras de los charcos,
bajo aguaceros veraniegos surgidos de la nada.

Su cadencia discreta es la banda sonora
de la vida.

Cauce abajo resbalan los días.
Los frutos de la huerta crecen acompasados,
protegidos,
acunados en el lento deshielo de la cumbre.

Cauce abajo el agua lava las piedras milenarias,
y el camino,
partido en sus estrofas,
tiende el puente romano
de la Fosca.

Cauce abajo el río ruge con fuerza
en los meses de lluvia
con la misma pasión
que los gatos se aman encarnizadamente,
o el toro musculoso
demuestra su torpeza con la vaca.

Cauce abajo,
en una pulsión sobrevenida,
los amantes buscan la sombra

en el pajar mientras se huelen,
se besan, se muerden, se licuan,
con el suspiro del amor prohibido
ahogado en la garganta.

Cauce abajo, el aire se ilumina de vida.
La casa es testigo de la luz
del renacimiento.

IX

El arco de la cueva
es una firma,
la huella del índice
señalando el libro interminable.

Alguien lo reescribe
a nuestras espaldas mientras leemos.

Manchas negras
desecadas en letras,
sílabas desordenadas
crean un contratiempo.
Otra forma.

El silencio
da lugar a palabras,
canta su rebeldía,
pues nadie antes
las puso en ese orden.

Sentido y sentimiento
viajan juntos,
horadan la pared
buscando la lectura.

Una mesa camilla,
un brasero,
una lámpara
hacen el resto.

X

Bajo el arco descansa
la vendimia en terrazas,

el trasiego,

desnudos los pies
aplastando el trabajo,

el mosto fermentando,

la alegría del vino,

la aspereza del trago.

La cava todavía soporta
el peso de la casa.

La vida se detiene
a quince grados Celsius.

En la parte más baja
cuentan que hay enterrados
algunos de los cofres
que robó Joan Cadell.

También es el sepulcro
de aquellos bandoleros
que entregaron sus vidas
a ese señor feudal que los dejó

a su suerte
mientras él se salvaba
al final del asedio.

Ese bello cadáver
de madera de roble,
hace más de cien años
dejó de ser invitado a la mesa,

cierre de los discursos,

en los brindis
o en misas de difuntos.

La tina fue comparsa
de tres generaciones
y sus cinco hectolitros
calentaron inviernos,
acunaron a Baco,
regaron primaveras.

Abrieron y cerraron
calendarios.

Tornillo, ©Miguel Escobar

XI

El gigante del pueblo,
Pablito,
era además el hombre más fuerte de la comarca.

Al amparo de su fuerza, niños que aún viven
pudieron ver la luz tras un entierro en vida
bajo las rocas
en un desprendimiento.

Los árboles vencidos por el rayo,
cortando el paso a las carretas,
se apartaban sumisos,
terneros en el fondo de un barranco
regresaban volando,
vigas caídas haciendo del pajar
un castillo de naipes,
todo lo que precisaba de su talento
era restablecido,
devuelto,
              renacido.

Vivía en una casa humilde.
Los meses de calor se sentaba en la entrada
sobre los escalones.

La boina que gastaba,
una extensión del pelo,
y, la faja,
hígado, páncreas, bazo, pulmones y riñones
sostenía.

Vino a estudiar
cómo era la piedra que debía arrancar
de una porqueriza
y posarla en la era.

Una escultura oval vacía como un cuenco.

La piedra singular sigue donde la colocó,
no hay quien leve esa ancla.

XII

Una flor de seis pétalos
grabada en la puerta de pino
que abre la alacena.

Desde mil ochocientos
las plantas aromáticas
liberaron moléculas
de aceites esenciales,
bailando en el oxígeno
ajenas a su peso
para al fin oxidarse
en pleno siglo XX.

Yace el perfume
como un vino sin alma,
de oscuridad y silencio
en la vieja cocina de la casa.

Trazas, sendas,
atajos de druidas de ojos afilados
y hoces diminutas.

Huele a herrumbre,
a inercia de guadaña,
a sangre seca,
a cecina quebrada.

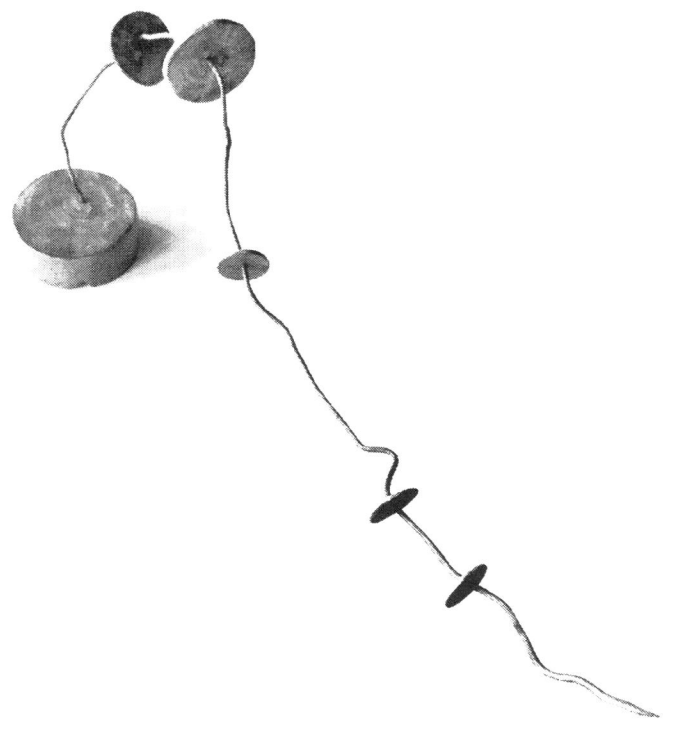

Artefacto 117 para SEDIERTO.
"VARIACIONES GOLDBERG" obra
de Miguel Escobar en cedro y magnolio
Fotografía ©Miguel Escobar 2019

XIII

Arde el aire en la luz.

Partículas de sed
borran todo camino.

Procesión de mis pasos,
en la nube de polvo,
restos de hierba seca.

Mi cuerpo es una piedra
tirando de un cadáver.
El graznido es de plomo
sobre la testa yerma.

Cada pluma caduca
traza un círculo negro,
lleva inscrita una fecha.

En la boca el sabor
antiguo del denario.

Nave, río, remo y onda.

XIV

SIGO EN TU LUZ

A Pere Comín

Ahora le tiene miedo a andar consigo.
Siente que el cuerpo no le pertenece.
Liberto socarrón se sale y crece,
come, orina, duerme bajo otro abrigo.

Abre por él los ojos, amanece,
va, se acicala a su modo, él consigo,
pues el centro del mundo está en su ombligo.
Ha tomado el espacio que le ceden.

Trata de ser amable con sus brazos,
desde los hombros ganarse las manos
porque ya ni decide sus abrazos.

Quiere sus labios y su boca hermanos,
unidos por un beso los pedazos.
Nuevas palabras para iluminarnos.

XV

En las noches de julio
reflejamos la luz
bajo su panza arqueada.
Las hormigas emprenden
su brevísimo vuelo.
Ausentes un instante
hemos cruzado el Hades,
en la boca nos queda
un sabor a plata vieja,
mezcla de sangre y óxido
como el grito primero
de nuestro nacimiento.
El agua bajo el puente,
en las ramas la brisa,
el brillo de la música
resbala entre las piedras.

Hiere nuestras pupilas
la belleza.

XVI

SALMÓN

Casi al rendir el agua es más pesada,
la corriente del río se detiene
mecida en el remanso, se va y viene,
brilla, ondea en las nubes alumbradas.

Prende el destello, el pábilo deviene
testigo mudo de la remontada.
Deja atrás la luz, saeta plateada,
vuela al origen que su ciclo tiene.

La memoria, el destino que le llama,
huele su cuna, el punto de partida,
nació entre esas dos piedras y esta rama.

Pronto llega el olvido con la herida.
Perdido en el recuerdo, vive el drama,
desova y muere para dar la vida.

Arsèguel, nieve y escarcha.
Fotografía © Miguel Escobar 2015

XVII

El camino cerca la colina sobre el río.
Se desploma la tarde.
La escarcha barniza los arbustos,
la yerba,
las piedras quema.
Calcina cuanto roza.

El paisaje,
ceniza del invierno,
es la radiografía de mi ánimo.

La nieve,
en los canales de la sierra,
sueña con un alud,
quiere soltar esa ola de piedra y
líquida,
devolver a la vida al fósil.

Mientras la savia duerme,
oscurecen las ramas,
el río Cadí
susurra entre los témpanos.

XVIII

A Ramón Puey, yo,
bajo otra piel

Existe un olivo milenario
sobre su propia sombra levantado.
Vive un presente retorcido en años.

Pocos ven el instante,
la belleza,
el verde claroscuro de sus ramas.
Cómo filtra la luz proyectando en la tierra
un tejido de amarillos y sienas
hecho de savia y de levante.

Desde su copa, todavía erguido,
nos observa, fugaces,
a sus pies tendidos,
como más que un probable alimento
mientras sonríe compasivo.

XIX

Presente de la ausencia
—para mi asombro—
quedo todavía.
Nada tiene que ver con la memoria,
soy un mero anticipo
del hallazgo.

Extraviado
sigo vibrando aún en esta luz
como un espectro
arrastrando preguntas
¿eso de allí no es tuyo?
La imagen varada
en el azogue
me mira adolescente,
me perdona la vida,
me ignora,
nada he de decirte.

En la almohada
un sueño bordado
me reclama.
Ahora vuelvo a sentirme rodeado de yeso.
La morfina,
el sudor,
la aguja que dibuja
mis días de verano.
Huelo a cuajo
y a queso
fermentado.

Al abrir la ventana,
la corriente
me lleva hasta una rama
del chopo
ya caída la tarde.

Aparto algunas hojas,
veo la plaza mayor,
suena un paso doble.
Las parejas
—yo entre ellas—
bailamos.

XX

La savia nos advierte
de veranos agónicos,
de la alquimia del agua
por el polvo.

Los signos evidentes
de erosión
aparecen ocultos
a los ojos.

Los recuerdos
destilan mentiras piadosas.
Hechos que hicieron
de cuerpos cicatrices,
noches tórridas
bien entrado
el otoño,
piel que ya no es piel
y, sin embargo, cubre y da forma
a estas ruinas.

Solo el amor nos mantiene permeables.

XXI

A Francisco Tor Gispert,
Paquito de Cal Xardull

Cielo denso, calima, arena y aire,
agua sobre su cuerpo recostado.
Alza ante el mar el vaivén de su baile
hacia el vértigo azul acantilado.

Busco un rastro en el viento, algún detalle.
Habla el mirlo en su canto de un verano.
Brilla el Cadí serpenteando la calle,
charcos donde mis ojos se enturbiaron.

Hondo silencio. Herido por la llave,
cierro el secreto del plenilunio alto,
amo y señor de savias y de mares.

Trazo un surco en la tierra con un palo,
limpio las piedras, buscando que me hablen
del huerto en que por fin quedas sembrado.

Artefacto 071 para SEDIERTO
"SEMILLA NEGRA" ©Miguel Escobar
Fotografía ©Miguel Escobar

XXII

Temo un verano largo
como el aliento obstinado del amante.

Un verano que alimente la ira
hasta el incendio,
que devore al otoño
sin permitir el tinte de sus brasas.
Que apague las miradas,
esa suerte de luz que se asoma en invierno,
reclamando la vida templada de la primavera,
por encima de las bufandas.

Temo un verano largo como el plato de sopa
de mi infancia, rebañado entre arcadas.

Un verano lentísimo
prolongado en la noche,
que secuestre la brisa,
el letargo del oso,
el agua salpicando la fuente de vocales.

Temo un verano largo
como el eco apagado del pantano.
Medida su agonía evaporada,
descubriendo
el silencio blanco del panadero,
la duda obstinada del monaguillo,
el temblor de una novia
mientras camina del brazo de su padre.
El estruendo de la vida bajo el agua,
como cuando sumergías la cabeza
en la bañera.

XXIII

He dormido solo
en la casa.

Bajo su techo
la bóveda celeste
se apaga.
Las constelaciones
antes diáfanas
se desvanecen.

Luciérnagas, señales,
caen los últimos destellos
de pirotecnia cósmica
fundiendo a negro.

Durmiendo solo
en la casa, nacen,
como nacen los ríos
desde la gravedad oscura de la nada,
hilos de luz
aparecen y dan voz al silencio,
lo iluminan parpadeando frases.
Son racimos,
pulmones,
el estruendo sonoro
del espacio más íntimo,
ese que te sacaría los colores
si lo vieran otros ojos.

El cielo que ves
no es otro que el que estaba
encerrado en ti y que,
tanto tiempo habitado por él,
no recordabas.

Te ves de niño
y no puedes dormir.
Temes que la muerte te lleve
donde van los que mueren.
Con tanta gente muerta,
cómo vas a encontrarte con tu abuela Pilar,
de quien mamá
te habla todas las noches,
una vez en la cama
después del cuento.
O con la hermana de José María,
a quien viste en la pared
de su casa de Lles
en una fotografía en blanco y negro
donde sonreía con tristeza, porque
le habían enterrado una pierna amputada
y porque
seguramente ya supiera que
después moriría el resto de ella,
por entero.

No había consuelo
en la vida siguiente a la muerte,
esa que se te prometía tan feliz
en la Biblia de los niños,
tan solo incertidumbre y pérdida
en el más profundo sentido del dolor.

Pues, que una vez muerto,
nunca encontrarías
a mamá ni papá
entre los miles de millones
de seres que ya estaban allí
dando vueltas erráticas.

La luz se desvanece como una lágrima
de San Lorenzo en pleno mes de agosto
dando paso a otra claridad más intensa.

En tu primera comunión
sientes cuánto te pica
la ropa recién estrenada.
La rebeca es de algodón blindado
—Es el apresto,
                estate quieto,
                        que te acabo de peinar…
—¡Ponle gomina al niño y más colonia,
que llegamos tarde!

La cruz de madera colgada al cuello,
los zapatos gorila recién estrenados.
Después de aquel día,
nunca volví a peinarme,
salvo para algún disfraz en carnaval.

Otra vez el miedo se sucede,
está en mi cara,
en la de ese niño
que se proyecta pálida,
con los ojos turbados de pecado,
de los pecados que Juana señalaba
en el ritual de la bañera ardiente

—Tito, no lloriquees,
solo los pecadores sienten
el calor de las llamas del infierno.

Ha llegado a la iglesia redonda
y en su cara persiste la mueca
del terror,
pues la hora de la verdad
planea sobre su cabeza
como una sentencia.

No puede dejar de pensar en los regalos
y seguro que el Todopoderoso
lee sus pensamientos:
una pelota reglamentaria,
un reloj antichoc,
dos imanes,
una linterna,
un hornillo para hacer palomitas.
Nada sobre la paz en la tierra,
menos sobre el hambre en el mundo.

Anda mirando el techo de la iglesia,
esperando que se abra y que Dios
lo fría con un rayo.

XXIV

Asentado en la Fosca,
un suspiro de claridad
se cuela por un poro
bajo el puente romano.

Teje un túnel de luz que atraviesa la sombra
y, en la roca,
el cimiento que asienta los siglos de su arco,
veo el reflejo
de un presente raro,
donde el cielo es la tierra y
la nube el arbusto.
Un mar de peces blancos bajo los pies,
andando contra el norte, va a destiempo.
El trino de los pájaros se detiene.
Dos figuras humanas penden cabeza abajo
con los pies en las nubes y sus voces
se escuchan bajo el eco del puente,
sordas distorsionadas.

Ese fulgor ambiguo del pretérito
exhalado en el brillo de las constelaciones,
como en la cámara oscura,
no ve el origen.
Siente el latido centrífugo,
la inspiración centrípeta de este río
que proyecta sus estrofas memorables
en esta cueva mítica.

XXV

El film se detiene antes de un beso,
seguro que era ardiente:
un cerco negro se come la pantalla
y separa los labios.
La imagen arde entre los cigarrillos entregados
a la pasión del amor censurado.
Estamos en un teatro-cine en la calle Mercader.
Mi tío Juanjo se pone en pie,
mira hacia su espalda y grita airado:

—¡Proyeccionista!
No hay derecho, Tito,
John Ford le habría
pegado un tiro aquí mismo.

Al salir a la calle, siento frío en la cara.

Autorretrato tras el azogue
Fotografía ©Miguel Escobar

XXVI

A Luis Izquierdo: amigo, poeta y profesor

Il pleure dans mon coeur
Comme il pleut sur la ville;
Paul Verlaine

Memoria del agua,
llueve.
Las hojas de los árboles se han vestido de campo,
    contagiando de un color olvidado al ladrillo,
que sube tono y medio en la gama de arcillas
y al semáforo, que pasa del amarillo hepático
al mandarina ácida.

Barcelona gana un asfalto vivo,
las ruedas de los autos
    parecen levitar para no estropearlo.

El elixir de este verano
ha vencido a las hojas de los plátanos,
que caían con las palmas abiertas,
desprovistas del baile mortecino del otoño.
Pero al fin ha llovido y la calle mayor
    podría haber menguado.

El agua ha desgarrado el tejido andrajoso
    que el verano le había regalado.
Barcelona muestra su piel labrada:
raros supervivientes
a tanta partícula volátil.

El mercurio, el carbono,
aparecen depositados en el fondo
de este matraz mediterráneo,
    ungüento que amortigua las olas en el puerto.

El agua ha vuelto a aparecer
    como el telón de un acto que principia.
Hay un perro con el pelo empapado
en la *plaça* del Diamant,
junto a una estatua vestida de grafitis.
Hay un niño que rezuma alegría por los charcos.
Hay un acordeón con sus tangos ahogados
—o ¿tal vez pasodobles?—,
corriendo entre fantasmas
por el metro.

El agua es esa gran culebra que sortean los pasos
temerosos de despertar la fiera del diluvio.
El agua oblicua: «¡lluevo hacia allí!», me dice,
y ahora
gira sobre sí misma en Lesseps,
como un perro que se muerde la cola,
para perderse en un extraño vals
en medio de la nada.

Llueve todo su gris.
Resuena como el dardo, sobre el tablero húmedo,
un coro que se pierde
en el rumor de los paraguas.
La lluvia atraviesa los ojos de un besugo que llevaba
semanas sin divisar el agua, y ahora ahí,
con los cuencos vacíos y los ojos ahogados

en el suelo,
tan lejos de sus órbitas.

Hierve el suelo,
rugen los goterones y ya todo es un puchero
inmenso donde las gotas
pulverizan las ondas y levantan una nube hecha
en la sed del cemento.

Bajo los porches del mercado,
paralizados,
algunos peatones contemplan en silencio
su niñez perdida en tantas lluvias.

Cuando hacían carreras y apostaban
a las gotas pilotadas en los cristales del colegio,
cuando abrían la boca para beberse el cielo,
y ahora siguen paralizados
frente a la voz del mantra que devoró su tiempo.

La lluvia los convierte en vagones perdidos
sobre las vías muertas.
Aparecen entre el vapor de agua
y el trueno que sucede al relámpago.

Son fantasmas inquietos que susurran el aroma
de un beso robado en la alameda,
la bienvenida a los Reyes de Oriente
en aquel puerto,
el deseo despertado por la blusa mojada,
moldeando los pechos.

Alguien regresa al tiempo,
desaparece bajo un paraguas negro
bajando san Gabriel

                    «Ese pobre diablo»,
musitan unos ojos que vuelven a echar el freno
en el pasado.

Llueve.
La culebra es ahora un té con leche desmedido.
Las alcantarillas boquean,
regurgitan
los tropezones en la acera.

Una ciudad construida en los agujeros.
Los salpicones abren las ventanas
para vestir sus casas
a corte de agua y barro.

Edificios líquidos habitados
por peces como sueños,
luces de bombardeos,
sombras resbaladizas, libros que se cerraron
para no liberar el suspiro atrapado.

Todo el ayer se hace presente y la memoria
flota sobre el agua, perforada por el recuerdo.

Vaso, ©Miguel Escobar

XXVII

Alégrate de tener tanto que olvidar.
Ahora la memoria llega
para habitarte,
ocupar tu ser.
No la atiendas, pasa
de huella de la convivencia
a piedra incómoda del presente.

Pon atención.
No te acomodes;
amar de memoria
es la túnica sagrada de la vida.
Vivir de memoria
es la inercia liviana
de la muerte.

XXVIII

Hablo descalzo,
quedo.

El sonido revela
los adornos.
Llega
como tú le permitas.

Así que mido el barro
en las palabras,
sopeso
el disfraz adjetivo,
todo lo que queda atrapado
en el cedazo,
y decido
si el resto
me compensa.

Artefacto 279 para SEDIERTO
"CAMARGUE" ©Miguel Escobar
Fotografía ©Miguel Escobar

XXIX

Voz de las ramas.
El viento arranca las hojas,
sacude bronco la entrada,
el patio,
la verja alcanza
y se llega a la fachada.

Abre y cierra las ventanas
de mi infancia.

XXX

Voy con los huesos por delante.
Armados de futuro,
adelantados,
desafían las leyes.

Cómo suenan los muy condenados
clavándose en tierra seca hasta el tarso,
hincando un pie
detrás de otro.
Arañando unos surcos
absurdos,
biográficos.

Detrás, mi paso desarticulado,
acto de aquel andar que fuera mío
encuentra,
en plena huella,
su camino.

XXXI

A Luis Arias de Beraza

La espada de Trajano
como pez cinteando en el aire.
Abiertas las agallas,
desde el hilo que tira de su boca
nace un grito.

Rasga el telón.

El resplandor de un nuevo acto
nos recuerda la vida.

XXXII

Mis yemas,
que la vieron,
no reconocen otra.

Una espina es la rosa que recuerdo.

XXXIII

Al instante que vives
puede seguirle otro,
fijarse a la memoria
como al collar la cuenta,
para, un día,
lucir su sinsentido.

XXXIV

Dejo la casa
todavía habitada.
Cada herida en su sitio
y que fluya la sangre
entre consciencia y nada.

Jarrío, ©Miguel Escobar

ÍNDICE